**INFÂNCIA, TIROS
E PLUMAS**

Jô Bilac

INFÂNCIA, TIROS
E PLUMAS

Sumário

Cinco anos da Cia OmondÉ, por Guilherme Weber   **9**

INFÂNCIA, TIROS E PLUMAS   **13**

Cinco anos da Cia OmondÉ
Infância, tiros e plumas

Sou grato à nobreza de todas as companhias. Mais que grato, sou devedor a cada uma delas, como artista e cidadão, pelo quanto suas criações, vitórias e fracassos me ensinam sobre meu país, cuja identidade cultural é sempre formada e transformada por seus artistas e especialmente pelos encontros entre eles.

É estranho incluir em um texto de celebração de longevidade a palavra fracasso, essa nota amarga no meio da alegria. Mas, ao celebrar a vida da OmondÉ, é impossível deixar de pensar nos obstáculos que ameaçaram desviá-la de seu curso. Impossível deixar de pensar nas gigantescas dificuldades de se manter uma companhia de teatro em um país para o qual ela não faz a menor diferença. Cinco anos de atividades ininterruptas são, então, uma vitória pessoal. Uma vitória de cada um dos envolvidos, em cada lado do palco.

O esforço e a inspiração desse coletivo de artistas para se manter em atividade é de alta voltagem poética. A imagem de atores lutando por meio do seu ofício contra o extermínio da delicadeza faz de cada integrante da OmondÉ um herói nacional. No Rio de Janeiro de facadas e descaso, cada cortina que se abre é um ato político e um milagre.

Observando o seu repertório, percebe-se a cicatriz de origem que permanece na poética do grupo ao longo desses anos como uma assinatura de fogo: o Brasil. Ao pensar o país por meio de diversos vetores — clássico, memorialístico, político e satírico —, a OmondÉ apresenta recortes urgentes para refletirmos o Brasil em cada uma de suas criações.

Liderada pelo talento irrefreável de Inez Viana, a OmondÉ é autora de um repertório sólido e, além de exibir suas peças em diferentes palcos e cidades do país, produz reflexões escritas sobre suas criações e métodos de trabalho, fomenta dramaturgia original e é capaz de publicá-las, como neste novo e cheiroso livro que você tem agora em mãos, editado pela Cobogó.

Infância, tiros e plumas é uma peça criada especialmente para o grupo pelo dramaturgo Jô Bilac, com personagens escritos a partir da voltagem cênica de cada um de seus integrantes. Dramaturgia inédita e brasileira, potente como crônica, documento e reflexão.

A montagem dessa peça, dirigida por Inez Viana, reafirmava a força dos códigos de sua direção com as movimentações do grupo como coro, os atores em partitura desenhada de gestos plenos e de profunda humanidade em seus olhares. Mais um capítulo de uma trajetória de puro êxito.

Infância, tiros e plumas coloca alguns perturbados personagens em crise em um avião rumo à Disney — hilariante hipérbole da busca desenfreada pela felicidade. As questões civis mais importantes do mundo contemporâneo estão em jogo nesse voo — gênero, sexualidade, identidade, família, poder e dinheiro —, apresentadas através de sátiras a teorias de neuroses e perversões.

A Disney de Bilac parece se apresentar como a expressão da hiper-realidade na teoria de Baudrillard, "a simulação de algo que nunca existiu realmente"; ou, na fulminante definição de Umberto Eco, "o engano autêntico" quando a imaginação deseja a coisa verdadeira e para atingi-la deve realizar o falso absoluto, confundindo as fronteiras entre jogo e ilusão. Vista do assento dos brasileiros essa simbologia ganha contornos ainda cruéis, tristes até, quando a busca pela felicidade deve passar pela floresta negra da apropriação de códigos estéticos e padrões de comportamento que definitivamente não nos representam. Essa viagem aqui começa sob o signo da ironia, mas com as horas de voo encontra uma perversão dramática capaz de abrir interrogações no abismo e sofisticada repulsa.

Que a Cia OmondÉ abra as cortinas — ou rasgue-as, se for necessário — por muitos e muitos anos, e continue fazendo para cada um de nós, espectadores e cidadãos, o teatro indispensável.

Guilherme Weber

INFÂNCIA, TIROS E PLUMAS

De **Jô Bilac**

Infância, tiros e plumas estreou em 9 de abril de 2015 no Teatro Sesc Ginástico, no Rio de Janeiro.

Texto
Jô Bilac

Direção
Inez Viana

Direção de Produção
Claudia Marques

Elenco
ARGOS: Iano Salomão
FERNANDO: Junior Dantas
HENRIQUE: Leonardo Bricio
JUANITO: Jefferson Schroeder
JUNIOR: Luis Antonio Fortes
MARIN: Debora Lamm
PITIL: Zé Wendell
SÂNGELA: Juliane Bodini
SUZANINHA: Carolina Pismel

Stand-in
Karina Ramil

Cenário
Mina Quental — Atelier na Glória

Figurino
Flavio Souza

Iluminação
Renato Machado e Ana Luzia de Simoni

Direção Musical
Marcelo Alonso Neves

Direção de Movimento
Dani Amorim

Visagismo
Marcio Mello

Programação Visual
Felipe Braga

Fotos para Material Gráfico
Nana Moraes

Fotos de Divulgação
Elisa Mendes e Cabéra

Vídeos de Divulgação
Davina Martinez

Assessoria de Imprensa
Ney Mota

Assistente de Direção
Marta Paret

Assistente de Produção
Maíra Zago

Assistente de Cenografia
Mauro Mendes, Paula Tibana e Henrique Guimarães

Cenotécnicos
Camuflagem Cenografia

Produção Executiva
Rafael Faustini e Jéssica Santiago

Realização
Fábrica de Eventos e Cia OmondÉ

PERSONAGENS

PITIL (Cão)

JUANITO (Barata)

ARGOS (Cão)

SUZANINHA (Gato)

FERNANDO (Cavalo)

SÂNGELA (Coelho)

HENRIQUE (Lobo)

MARIN (Água-viva)

JUNIOR (Hamster)

PRÓLOGO

Pista de voo. Som de turbina de avião. A luz da madrugada se transforma no alvorecer.

Um homem com sinalizadores luminosos. Balé no breu.

O som da turbina se intensifica. Ao amanhecer, a luz do sol cega a todos.

Simultaneamente, todos — passageiros e tripulantes — arrumam suas malas. Eles correm pelo aeroporto procurando o número do portão de embarque no painel de voos.

A multidão se desloca para o portão de embarque.

Parte 1 — Check-in

1. CHECK-IN

Aeroporto, sala de embarque. Juanito — quatro anos, chupeta, crachá de identificação e orelha do Mickey Mouse. Pitil — smoking e cabelo penteado.

PITIL: Azul, garoto, não seja bobo!

JUANITO:	[*jogando a mochila do filme* Frozen *no chão*] No quiero cosa de chicas. Soy hombre.
PITIL:	[*pega a mochila rapidamente*] Homem não chupa chupeta!
JUANITO:	Chupete puede!
PITIL:	[*firme*] Se pode chupeta, pode mochila também. Agora cala a boca, senão lhe tiro a chupeta!

Juanito, amuado, coloca a mochila do Frozen *nas costas. Pitil fica apreensivo e solta um suspiro saturado.*

Tempo.

JUANITO:	[*muxoxo sincero*] Quiero mi madre.
PITIL:	Sua mãe nos espera na Disney, Juanito, não precisa chorar. Eres un cabrón?
JUANITO:	No soy cabrón!
PITIL:	Ei! Juanito, a Disney é um lugar de magia, de riqueza, de fantasia, onde todos cantam e dançam e não se abalam com coisas pequenas. Um mundo encantado, a perfeita harmonia entre o homem e a natureza. Na Disney se esquecem os problemas, as guerras, as misérias... essas coisas que nos molestam tanto. É um mundo perfeito, sem corrupção, doença, travesti ou mendigo. É tudo isso.
JUANITO:	No hay judios ni negros tampoco.
PITIL:	[*já sem paciência*] Você é judeu ou negro?
JUANITO:	No.

PITIL: [*puto*] Entonces qué te importa si no hay judios ni negros en Disney?

JUANITO: No te molestas que no haya príncipes negros?

PITIL: Coisas mais importantes me molestam. [*buscando se controlar*] Escuta. Você vai ficar com outros garotos. A viagem não será longa, não vai demorar pra chegar. Pero necessito que me obedeça, não posso ficar te vigiando todo o tempo. Tenho outras funções. Tenho que cuidar do bar. Quanto mais birra você fizer, mais tardará para que tú encontre tu madre. Compreende?

Juanito sossega.

2. FUMÓDROMO

Sângela — comissária, estilo pinup, lencinho no pescoço, rabo de cavalo, sensual — carrega sua mala de rodinhas e um livro de Dostoiévski. Fuma enquanto conversa com Marin — branca como mármore, muitas joias —, que também carrega um livro de Dostoiévski.

SÂNGELA: Aí, esse homem vai se matar. Ele prepara, arquiteta tudo, e um dia vê uma estrela e decide que vai ser esse o dia. Daí, ele senta de frente para a mesa que usa para pensar — e que agora vai usar para morrer também —, coloca o veneno no copo e fica olhando.

MARIN: E por que ele quer morrer?

SÂNGELA: [*olhando nos olhos de Marin*] Ele não sente amor pela humanidade. [*traga*] Ele acha que é só sofrimento e dor. Mas aí, na hora de morrer, ele acaba dormindo. E sonha. Nesse sonho ele entra na utopia, entra em contato com o mundo perfeito onde todas as pessoas são bem realizadas, compartilham, vivem naturalmente sem paranoia ou medo e nem precisam parar para pensar nisso. Elas naturalmente são. Sem ego, sem consciência de ser.

MARIN: Esse lugar é um outro país?

SÂNGELA: Outro planeta.

MARIN: Ah, por isso o título...

SÂNGELA: [*com o livro nas mãos*] "O sonho de um homem ridículo." Isso.

MARIN: E ele acorda.

SÂNGELA: Claro.

MARIN: E desiste de morrer.

Tempo.

SÂNGELA: Desiste.

3. FILA DE EMBARQUE

JUANITO: Quiero ir al baño.

PITIL: Não pode esperar para ir no avión?

JUANITO: Si no es por ahora, será demasiado tarde.

PITIL: Mas já vai abrir o embarque!

JUANITO: Estoy "apretado".

PITIL: Tá! Pero sin demora, ok?

Pitil leva Juanito ao banheiro.

4. FUMÓDROMO

Silêncio. Marin olha fixo para Sângela, que fica constrangida.

SÂNGELA: [*lendo o livro na mão de Marin*] "A dócil criatura." É isso?

MARIN: Isso, "A dócil criatura".

SÂNGELA: Como é?

MARIN: Ainda estou no começo. É sobre uma menina de 16 anos que começa a penhorar todas as suas coisas. Ela começa penhorando as coisas mais caras, até chegar a oferecer ao agiota um casaco rasgado. Ele compra o casaco só para poder escutar a história dela. O agiota vai se apaixonando à medida que ela perde tudo.

SÂNGELA: Ah, acho que já li esse. O agiota arma um plano pra casar com ela e a convence, prometendo uma vida boa, sem decepções.

MARIN: E ele cumpre?

SÂNGELA: Não cheguei nessa parte. Acabei não terminando de ler... Lindos seus brincos. [*pega um chicletinho na bolsa pra disfarçar o hálito*]

MARIN: Gostou?

SÂNGELA: Nossa, bonito mesmo.

MARIN: Não está meio exagerado? Misturei muito? [*exibindo as joias*] Esmeralda, rubi, diamante... [*mostrando o anel*] Esse aqui, meu marido quem me deu.

SÂNGELA: Gostei dos brincos.

MARIN: Comprei numa viagem para a Índia.

SÂNGELA: Nunca estive na Índia. Morro de vontade, dizem que é um país muito espiritualizado.

MARIN: É, sim, e com o maior número de suicídios no mundo também.

SÂNGELA: Morrem belíssimos! Os brincos são lindos, parabéns!

MARIN: [*tirando os brincos*] São seus.

SÂNGELA: [*constrangida*] Imagina! Não, por favor, como assim...

MARIN: Eu estou achando meio exagerado os brincos com as esmeraldas. Minha cabeça está até mais leve agora. Pode ficar.

SÂNGELA: De forma alguma, imagina. Fico muito agradecida, mas...

Marin coloca os brincos em Sângela, que resiste, mas acaba cedendo.

SÂNGELA: Que isso, realmente, olha, desculpa, mas eu...

MARIN: Ficou muito melhor em você, olha.

Marin, com o espelho, toca a nuca de Sângela. As duas trocam olhares através do espelho.

MARIN: Se reparar bem, tem o formato de uma lágrima de vidro. Presente meu.

SÂNGELA: Então eu te dou meu livro, presente meu também. Assim a gente troca. Ficou bom?

MARIN: Está lindo.

SÂNGELA: Você... Você está bem?

A mão de Marin treme, segurando o espelho.

MARIN: Você me ajuda, rapidinho...?

SÂNGELA: [*escorando Marin*] Claro, você está passando mal?

MARIN: Acho que minha pressão caiu...

SÂNGELA: Você está gelada.

Marin se desequilibra. Sângela a segura, impedindo sua queda. As duas se encaram.

SÂNGELA: [*com Marin nos braços*] Socorro! Alguém!? Cadê seu marido?

MARIN: [*enrijecida*] Calma, está tudo bem. Meu nome é Marin. Escuta. Está me ouvindo? Não me deixa aqui sozinha, por favor.

SÂNGELA: Eu vou procurar um médico e...

MARIN: [*controlando a respiração*] Meu marido é médico. Só deixa minha cabeça pra cima. Obrigada. Quatro minutos e meio e estou nova em folha.

SÂNGELA: [*sem saber o que fazer*] Eu vou pedir ajuda!

MARIN: Não! Não sai daqui, não me deixa aqui sozinha, por favor. Promete que não vai embora! Preciso de você aqui comigo. Promete que não vai me deixar aqui sozinha. Pelo amor de Deus, promete!

SÂNGELA: Eu vou ligar...

MARIN: Aperta a minha mão! Olha pra mim, fica comigo. Olha pra mim. Eu vou ficar bem, só não me deixa sozinha. [*chorando*] Por favor. Não me deixa aqui sozinha jogada neste chão, eu não quero morrer sozinha jogada feito uma água-viva na areia. Pelo amor de Deus, fica aqui comigo. Promete, não me deixa sozinha, pelo amor de Deus... Promete...

SÂNGELA: [*pasma com a situação*] Prometo, calma, prometo... Respira, eu vou ficar aqui com você. Respira! [*grita*] Socorro!!! Alguém ajuda aqui! Socorro!!! Respira!

Sângela desesperada com Marin nos braços. Marin desmaia. Sângela paralisa e, sem saber o que fazer, perplexa, abandona o corpo. Desesperada, faz menção de sair, mas fica. Olha para Marin morta no chão e repara em suas joias. Percebe-se sozinha, com uma oportunidade, mas sente-se culpada pelo que acabou de pensar. Dividida entre deixar o corpo e pegar as joias, avança no colar de Marin, que acorda na hora e começa a rir. Sângela grita assustada. Marin ri ainda mais. Percebendo a farsa, Sângela fica puta. Marin se diverte, rindo cada vez mais.

MARIN: Ficou chateada? [*ri*] Ah... fala sério... cadê seu espírito esportivo? [*ri*] Eu estava brincando com você. [*ri*]

SÂNGELA: [*irritada ao extremo*] Você está maluca? Está meio velha para esse tipo de brincadeira, não? Ridículo querer fazer os outros de palhaço! Ridículo! Ridícula! Ridícula! Desequilibrada ridícula!

Marin dá um tapa na cara de Sângela.

SÂNGELA: Meu Deus!

Silêncio sepulcral. Marin fixa o olhar nos olhos de Sângela.

Tempo.

MARIN: Pode ficar com os brincos.

5. FILA DE EMBARQUE

Henrique e Junior; pai e filho lado a lado na fila do check-in. O pai coloca um relógio no filho. Junior vai fazer 9 anos, é seu primeiro relógio.

HENRIQUE: Gostou?

JUNIOR: Gostei muito.

HENRIQUE: [*percebendo o filho*] Então por que essa cara?

JUNIOR: Nada.

HENRIQUE: [*amoroso*] Fala. O que foi?

JUNIOR: Nada. Estou esperando.

HENRIQUE: Esperando o quê?

JUNIOR: Essa viagem-surpresa, do nada.

HENRIQUE: Do nada? É seu aniversário?

JUNIOR: Você entendeu…

HENRIQUE: A vida não te parece melhor com boas surpresas?

JUNIOR: Por isso estou esperando. Sempre que você faz boas surpresas é pra dar uma notícia ruim depois. [*tirando sarro*] Qual é a notícia ruim?

HENRIQUE: Para, estamos indo pra Disney. Nada de ruim acontece na Disney. Certo?

JUNIOR: Certo.

Eles se olham.

JUNIOR: Obrigado.

HENRIQUE: Que isso, não precisa...

JUNIOR: Sério. [*beija o rosto do pai*]

Eles se olham.

JUNIOR: Vocês vão mesmo se separar?

Tempo.

JUNIOR: Isso é tipo uma viagem de despedida? A gente está se despedindo? Só para saber.

Clima tenso.

HENRIQUE: Por que você está perguntando isso? Só para saber.

JUNIOR: Porque se tiver que escolher entre você e ela, escolho você.

HENRIQUE: Eu sei.

JUNIOR: Eu não quero me separar de você.

HENRIQUE: A gente não vai se separar. É pra ser um momento bonito. Não é pra ficar pensando nisso. Sua mãe e eu estamos numa fase ruim, mas isso não quer dizer que vamos deixar de ser uma família.

Eles se abraçam.

6. FUMÓDROMO

MARIN: Os homens da minha vida! Vamos fazer uma foto. Nós estamos de férias! Umas lindas férias "ems" famílias!!! Digam "xis".

Marin tira uma selfie com os dois. Sângela passa, humilhada.

MARIN: Você sabe que mamãe te ama, não é? Não sabe? Fala pra mãe! Ele sabe… Mamãe te ama, meu filho, meu lindo, meu bebezão, meu patinho feio dos ovos dourados, mamãe te ama! Mamãe te ama muito! Cada centavo! Pela temperatura da pele dele eu sinto o amor. Prioridade! Prioridade!

Junior e Henrique embarcam com ela.

7. FILA DE EMBARQUE

Suzaninha — Miss Mirim, sete anos, sempre de coroa, toda de rosa. Filha de autoridades. Acompanhada por seu segurança Argos, o cão de guarda. Está em viagem, representando o Brasil. A prova de habilidade de Suzaninha será tiro ao alvo.

ARGOS: As licenças estão todas aqui. Qual é o problema?

FERNANDO: O senhor é o pai dela?

SUZANINHA: Claro que não, quem é você?

FERNANDO: Fernando Cheval.

SUZANINHA: Cheval, cavalo em francês.

FERNANDO: Tu parle français?

SUZANINHA: Vai pastar e me deixa entrar agora.

FERNANDO: Como responsável por ela, o senhor precisa do carimbo no documento especificando que as armas são de ar comprimido, senhor.

SUZANINHA: [*sacudindo a carabina na frente dele*] Tá cego? Você não está vendo que isso não é de fogo? Precisa da porra do carimbo pra quê?

ARGOS: Suzaninha, sem palavrão.

FERNANDO: Não pode embarcar armado sem o carimbo na licença, senhor.

ARGOS: Mas está aqui o carimbo da minha arma! Minha licença, meu...

FERNANDO: Senhor, o carimbo da arma dela. Ela é menor, o senhor como responsável precisa pegar o carimbo para ela.

ARGOS: Não é uma arma letal, ninguém falou que tinha que...

FERNANDO: [*devolvendo os documentos dele*] Normas, senhor.

ARGOS: Você é um ser humano, não é um detector de metal. Não está vendo que a garota não é nenhuma terrorista?

FERNANDO: Não depende de mim, senhor. É o sistema.

Todos falam, um por cima do outro. Caos. Ninguém se escuta.

SUZANINHA: [*frágil, sofre*] Argos, eu não posso perder esse concurso. Esse é tudo pra mim, tudo pra mim, tudo pra mim!!! Eu vou morrer se perder, Argos! Liga pro meu pai!

ARGOS: Calma! Sem gritar, Suzaninha!

FERNANDO: Senhor, não posso desrespeitar as normas aqui, a menina precisa desse carimbo pra embarcar com as armas.

ARGOS: Aqui tem autorização, certidão, mandato, licença, declaração, você quer mais o quê?

SUZANINHA: Liga pro meu pai! Liga pro presidente!

FERNANDO: Estou apenas pedindo que vá até o guichê para...

ARGOS: Não existe essa possibilidade.

SUZANINHA: Argos, estou mandando!

FERNANDO: Sinto muito, senhor! Ela não embarca sem o carimbo. O embarque vai ser encerrado, senhor.

Entram Pitil e Juanito.

JUANITO: No me pillas!

PITIL: Juanito! Prioridade.

Pitil e Juanito embarcam.

ARGOS: Mas ninguém falou que eu precisava de...

Suzaninha, num chilique, grita e esperneia. Argos tenta acalmar a garota.

ARGOS: [*tentando controlar a garota*] Calma!

SUZANINHA: Mas eu...

ARGOS: [*corta, firme*] Shhh!!!

Tentando se acalmar, Argos aborda Fernando.

ARGOS: [*discreto, fala rápido*] Fernando Cheval, tudo bem?

FERNANDO: Tudo bem, senhor.

ARGOS: Eu não queria estar aqui, você não queria estar aqui...

FERNANDO: Eu queria estar aqui, senhor.

ARGOS: [*rápido e rasteiro*] Pois que bom. Porque se você gosta mesmo daqui, vou te explicar como funciona o esquema do "sistema". Seguinte: o guichê desse carimbo fica lá do outro lado do aeroporto. Se eu for até lá, vou perder o voo e essa garota perde a porra desse concurso, entendeu? Se ela perde a porra desse concurso, vai abrir essa boca do caralho e buzinar na orelha do pai o dia inteiro. O velho vai baixar aqui querendo saber quem foi o filho da puta, vai mandar advogado baixar aqui, o papa, o FBI, a porra toda, e só vão cantar pra subir quando a faixa de filho da puta passar pro teu pescoço, guilhotinado sua cabeça, que nem a prêmio vai porque ninguém aposta. A corda sempre arrebenta do lado de quem? Você vai perder seu emprego, vai preso por constrangimento de autoridade, eu vou perder a boca livre da primeira classe, a garota vai perder a porra do concurso, olha a merda armada... Tá vendo aí? Foi como você disse, não depende de mim, é o sistema. [*suspira, saturado*] Burocracia por burocracia, eu sei que tu é negão. Mas vai querer pagar pra ver quem tem o pau maior?

FERNANDO: [*engolindo em seco*] As acomodações da primeira classe dispõem de cortinas de isolamento para dar ainda mais tranquilidade ao seu destino, senhor. Boa viagem. [*entrega a revista da companhia aérea*]

8. AVIÃO, DECOLAGEM

Todos — passageiros e tripulantes — entram no avião. Sângela e Fernando assumem seus papéis, instruindo os passageiros.

A primeira classe é dividida em cabines particulares separadas por cortinas. Há um bar no meio, um espaço lounge, onde Pitil trabalha como barman.

Nas cabines da frente estão Marin e Henrique, seguidos por Junior na cabine de trás. Do outro lado estão Argos e Suzaninha. Na poltrona do fundo está Juanito, sob os cuidados de Fernando.

Parte 2 — Portas em automático

9. CABINE DOS COMISSÁRIOS

O avião decola, ganhando o céu.

SÂNGELA: [*no alto-falante*] Sabemos que a escolha pela companhia aérea é uma escolha do cliente, e agradecemos a preferência e fidelidade. Para aqueles que ainda não possuem o cartão fidelidade, faça já o seu... [*percebe Henrique olhando para ela*] Não perca tempo. Afinal, clientes fidelidade têm... exclusividades. Esperamos você em nossa família, para voarmos juntos na eterna lua de mel desse casamento. Aqui é Sângela Coelho, chefe de cabine, e dentro de instantes daremos início ao nosso serviço de bordo.

Henrique e Sângela se beijam ardentemente. Sângela afasta Henrique.

SÂNGELA: [*altiva, com os brincos indianos nas mãos*] Devolve isso pra sua esposa, ela deve ter me confundido com outra!

Fernando e Pitil guardam o contrabando na mochila.

10. CORREDOR E JANELA

Suzaninha de coroa e cetro.

SUZANINHA: [*sincera, olhando as nuvens pela janela*] Olho o mundo. Percebo a potência criativa humana. Da beleza, do horror. O paradoxo de uma natureza capaz de criar uma obra de arte e a bomba nuclear, a cura de uma doença rara e a cadeira elétrica, a Disneylândia e a cracolândia... O homem tem o poder do *insight*, mas, ironicamente, é incapaz de dimensionar as consequências do poder das suas próprias criações. A visão de aviões em guerra assombrou tanto Santos Dumont que ele acabou se matando. Teria ele levado a sua ideia adiante se soubesse onde ia dar? Somos os únicos animais capazes de rir, chorar, perceber a própria existência dentro do universo, e mesmo assim, nem por isso, aplacamos a angústia da falta de razão de estarmos aqui. [*reflete*] Mas não deixo de acreditar que a nossa missão é fazer desse mundo um lugar possível, onde todas as crianças possam viver com dignidade, longe da violência e da miséria, com direito a estudo e lazer, amor e respeito. Se somos capazes de deturpar boas intenções, por outro lado também podemos verter o veneno da cobra em soro. Por isso prometo que, eleita Miss Mirim Universo, meu compromisso será transformar toda a merda do mundo em adubo!

ARGOS: [*tenso*] Sem palavrão, Suzaninha.

Argos se mexe na poltrona o tempo todo. Ele detesta voar.

SUZANINHA: [*abandonando a pose de miss*] Que eu saiba, merda não é palavrão.

ARGOS: Não pega bem uma miss falar desse jeito.

SUZANINHA: Meu pai disse que miss vive falando merda.

ARGOS: Foi o mesmo marqueteiro do seu pai quem fez seu discurso?

SUZANINHA: [*insegura*] Por quê? Você acha que ficou pesada a parte do Santos Dumont? Pega mal falar em suicídio, não é?

ARGOS: Você é muito nova para ficar pensando nessas coisas. É um discurso de miss, é pra falar de arco-íris, de pôneis.

SUZANINHA: Você pensa pequeno, Argos, por isso tá onde tá.

ARGOS: Estou bem. É que está quente aqui... não acha?

SUZANINHA: [*animada com o discurso*] Vou fazer esse link da merda do mundo, bomba atômica, internet, não sei o quê, não sei o que lá... Aí dou o exemplo da guerra, das armas e já é o *punch* pra chegar e: [*com a carabina*] "Pei, pei" na maçã em cima da cabeça da mocinha!

ARGOS: [*sem dar atenção*] O quê?

SUZANINHA: E você podia ajudar, hein... Ser minha mocinha com a maçã na cabeça. Juro que não te acerto.

ARGOS: Acertar quem?

SUZANINHA: São balas de borracha, é tranquilo. O risco máximo é ficar cego, mas você sabe que nunca errei um alvo, já errei?

ARGOS: Não.

SUZANINHA: Então. Diz aí. Confia no meu taco?

Argos se revira.

SUZANINHA: Argos, estou falando com você.

ARGOS: Desculpa, é que avião sempre me deixa assim...

SUZANINHA: Medroso. Deixa o meu pai saber dessa sua frescura!

ARGOS: É só essa pressão no ouvido que me incomoda... Mas já passa, está passando.

SUZANINHA: Quer vomitar?

ARGOS: Oi?

SUZANINHA: Minha mãe diz que vomitar acalma. Sempre depois que ela vomita, ela fica com aquela cara, sabe... Meio zumbi, com a língua pra fora, deitada no mármore do banheiro, calminha... [*imita a cara da mãe*]

Argos controla a respiração.

SUZANINHA: Achava que pobre era mais corajoso.

ARGOS: De onde você tirou isso?

SUZANINHA: Meu pai morre de medo de morrer. Eu entendo que a vida boa traz isso, o apego. Por esse lado, ser pobre é mais fácil, já tá acostumado...

Entra Sângela para atender Argos.

SUZANINHA: ...não tem muita coisa a perder mesmo, vai ter medo de quê? Pra muitos a morte é até um alívio, né não?

ARGOS: [*afrouxa a gravata de leve*] E você acha que vida boa é só ter dinheiro?

SÂNGELA: Que isso, senhor!

SUZANINHA: Você é meu colete de balas. Não é por dinheiro?

ARGOS: Está quente aqui... Vou esticar as pernas. Você quer que eu te traga alguma coisa?

SUZANINHA: Prosecco com Sprite.

ARGOS: [*ironiza*] E um maço de Malboro Lights?

Juanito chora.

SUZANINHA: Cuzão.

ARGOS: Suzaninha...

SUZANINHA: "Sem palavrão!" [*coloca os fones de ouvido*]

11. GALLEY

Pitil bate boca com Fernando. Juanito está amuado com a fralda de pano presa à chupeta.

FERNANDO: Não interessa, Pitil! O combinado não foi esse!

PITIL: Será que você não entende? Ele está chorando desde o embarque. Não vai deixar ninguém dormir, vão reclamar e a gente vai acabar preso.

FERNANDO: E você traz ele pra cá?

PITIL: Aqui ele está mais calmo.

FERNANDO: Era só embarcar a criatura sem os pais. Meu serviço está feito, aqui ele não fica. [*saindo*] Isso é problema seu.

Pitil impede a saída de Fernando.

PITIL: Se der merda, tu cai junto.

FERNANDO: Está me ameaçando?

PITIL: Estou pedindo sua ajuda.

FERNANDO: [*volta*] Não deu remédio para esse peste dormir?

PITIL: Eu dei, mas o moleque tem o diabo no corpo!

FERNANDO: Dobra a dosagem.

PITIL: É criança, está estranhando tudo.

FERNANDO: Você disse que ele já estava acostumado!

PITIL: Era pra ser a mais velha. Os pais disseram que deu piolho na garota e por isso tiveram que empurrar esse aí no lugar.

FERNANDO: Não enrola, Pitil!

PITIL: Não estou enrolando. Comprei mochila de princesa e tudo. Não sabia que esse garoto ia dar trabalho assim! Caramba, Cheval, não me deixa na mão agora!

FERNANDO: Eu posso guardar a mochila aqui pra você, mas o menino...

PITIL: O que você quer que eu faça?

FERNANDO: Você usou psicologia infantil?

PITIL: Ele não quer.

FERNANDO: E desde quando criança tem querer? Precisa de firmeza! Não tem essa de querer, não.

PITIL: [*desafiando-o*] Tenta você pra ver. Vai. Conversa com ele! Juanito!

FERNANDO: [*firme*] Juanito, por qué no disfrutar de la clase económica?

JUANITO: [*manhoso*] Quiero quedarme aquí.

FERNANDO: Pero este no es tu lugar. [*puxando o garoto para fora*] Ser un buen chico y volver a tu asiento, sí?

JUANITO: [*chora*] Déjame! Suéltame!

FERNANDO: Mira el escándalo, que feo!

JUANITO: Quiero quedarme aquí, déjame!

FERNANDO: No se puede, fin de la conversación!

JUANITO: [*resistindo*] Tu no eres mi padre!

FERNANDO: Cállate! Pro tu lugar ahora!

JUANITO: Déjame!

FERNANDO: Cállate, carajo!

JUANITO: Déjame! [*morde Fernando*]

FERNANDO: Ai, filho da...

Fernando vai dar um tapa em Juanito, mas Pitil o impede.

PITIL: [*protegendo Juanito*] Tranquilo, tranquilo! Alegria! Juanito! Alegria! [*para Fernando*] Tá maluco? Vai bater no moleque? É essa a sua psicologia infantil?

JUANITO: [*para Fernando*] No me gustas!

PITIL: [*tentando contornar a situação*] Juanito! No hables así. No fuiste tú quien se quejó de que no había príncipes negros en Disney? Entonces, Fernando es un príncipe negro de Disney, sólo quiere ayudar... Cierto, Fernando? Fernando... Ayuda...

FERNANDO: [*resistente*] Cierto.

JUANITO: Eres realmente un príncipe de Disney?

FERNANDO: [*fingindo simpatia*] Sí, necesitas ser un buen chico para ser un príncipe también.

JUANITO: [*desdenha*] No quiero ser príncipe. Me gustan los héroes!

Fernando suspira, saturado.

PITIL: Te gustan los chocolates, Juanito?

JUANITO: Mucho.

PITIL: Los príncipes siempre tienen chocolate en sus castillos.

JUANITO: Verdad?

PITIL: Sí, Fernando…

FERNANDO: [*contrariado*] Sí, cómo no?

JUANITO: Dónde está el chocolate?

PITIL: Fernando… Ayuda…

Fernando tira chocolates do bolso.

FERNANDO: Prometo dar muchos chocolates y dulces para usted na classe econômica.

JUANITO: No me gusta la clase económica.

FERNANDO: Dame una razón!

JUANITO: No me gusta… Un montón de gente apretada, parece un gallinero. El baño és sucio, la comida está regulada, y no hay camas! Cómo puedo dormir sin cama? Estoy triste sin cama. No me gusta…

FERNANDO: [*irritado*] Yo tampoco, pero así es la vida!

JUANITO: [*chorando*] No grites conmigo!

PITIL: Porra, Cheval, é pra ajudar e não pra deixar o garoto mais histérico!

FERNANDO: Y la clase ejecutiva? No te gusta? Hay cama y hay muchos chocolates alli también.

JUANITO: [*faz muxoxo*] Quiero mi madre...

PITIL: No lágrimas, Juanito. [*empurra chocolate pro menino*] Chocolate. Pronto! Pronto! Alegria!

Juanito come o chocolate.

PITIL: Cheval, o moleque não vai causar. Passa num instante a viagem. Desembarca, recebe a grana, beijo, tchau, Juanito. Não tem como fazer um cabo de guerra com uma criança de 4 anos, coloca isso na cabeça!

FERNANDO: [*resignado*] Tá, tá certo. Mas eu quero 70%.

PITIL: Quer me foder, me beija!

FERNANDO: Setenta ou nada.

PITIL: A gente combinou 50% pra cada.

FERNANDO: Sim, e combinou que ele ia viajar na classe econômica. A bonita quer viajar na primeira classe e não quer pagar mais caro?

PITIL: E eu tenho culpa?

FERNANDO: Agora que o risco aumentou, é justo que aumente o cachê do artista, certo?

PITIL: Que risco, mané risco. Arriscado vai ser você tirar ele daqui.

FERNANDO: Tem um policial viajando na primeira classe, Pitil.

PITIL: Policial na primeira classe? Com que dinheiro?

FERNANDO: O cara é guarda-costas, cão farejador. Embarcou armado. Se ele desconfiar de alguma coisa a gente tá...

PITIL: Ele não vai desconfiar de nada.

FERNANDO: Claro que não vai. Por isso estou cobrando mais caro. Não tem conversa. É isso ou nada. 70% ou esse garoto volta pra classe econômica, ahora!

Pitil angustiado. Juanito com a boca suja de chocolate.

JUANITO: Quieres?

PITIL: [*para Fernando*] Hijo de puta.

FERNANDO: No se debe hablar así con los príncipes. E aí, Pitil? É pegar ou largar. O que vai ser?

PITIL: Aceita mais um *apple martini*, madame?

12. SUÍTE MÁSTER

HENRIQUE: Ela está bem, amigo, obrigado.

MARIN: Olha, que lindo. Repete...

HENRIQUE: O quê?

MARIN: Você disse que eu estou bem. Amei. Repete.

HENRIQUE: Você está ótima.

MARIN: Essa já saiu mais forçada, sem tanta espontaneidade quanto a primeira, mas o que vale é a tentação... Não é?

PITIL: Pitil.

MARIN: Pitil! [*encara Henrique*] Olha a cara dele, Pitil. Diz aí, o que você acha? Está na cara dele, não está? É isso mesmo que você está pensando. Fica tranquilo que eu estou pensando igual. Ele é que pensa de outro jeito, Pitil. Ih, sempre pensou. Pintou os canecos pensando. Mas deixa ele pensar, porque enquanto ele está pensando eu já fui lá e pá! [*explode numa gargalhada descabida*] Pitil, sua bebidinha está um sucesso. Adorei participar!

PITIL: Obrigado, senhora.

MARIN: Quero outra. Mais vodca e menos desse xarope estranho aí que vocês têm mania... Por favor.

PITIL: Só preciso confirmar se tem mais maçã.

MARIN: Ah, procura com carinho, tenho certeza que você vai achar a maçã. Afinal, estou como?

Pitil sai.

MARIN: Diz, Henrique! Estou como? Estocolmo, isso! Ainda bem que você tocou no assunto. É quase certo antes do final do ano. Viu? Já avisei a Michele. Decidi seguir seu conselho, parar de reclamar do país, arregaçar as mangas e fazer alguma coisa. Pois bem, estou fazendo: minhas malas! Vou para Estocolmo. Mas eu juro que mando cartão no Natal! [*percebe o marido*] Henrique, você está prestando atenção?

HENRIQUE: [*com o par de brincos indianos na mão*] Tem certeza de que não esqueceu isso no banheiro? Ou perdeu pelo corredor?

MARIN: Você me ouviu falar de Estocolmo?

HENRIQUE: São bem parecidos com os seus, podem ter caído da bolsa.

MARIN: Já disse que não são os meus.

HENRIQUE: Você não tem outro par igual?

MARIN: Mas não são iguais.

HENRIQUE: Me parecem idênticos.

MARIN: Os meus são verdadeiros. Ou você não consegue perceber a diferença do verdadeiro para o falso?

Os dois ficam se olhando.

HENRIQUE: [*esgotado*] O que você quer de mim, Marin?

MARIN: Seu aval pra eu ir morar com o Junior em Estocolmo.

HENRIQUE: Isso não tem o menor cabimento.

MARIN: Criar meu filho numa cidade segura, limpa, rica, saudável, entre as dez melhores do mundo em qualidade de vida, realmente é um absurdo. Devo estar ficando louca!

HENRIQUE: Você quer me chantagear afastando meu filho de mim.

MARIN: [*direta*] Quero negociar.

HENRIQUE: Me extorquir.

MARIN: Reajustar as contas com o universo...

HENRIQUE: Você acha direito negociar seu filho como se barganhasse um pedaço de carne?

MARIN: Você pode pagar, não chora. Podemos chamar isso de "bolsa divórcio".

HENRIQUE: O Junior já tem idade, pode escolher com quem ficar.

MARIN: E tem idade para ler meu próximo *best seller* também... [*joga uma pasta no colo dele, com documentos*] A trama gira em torno de lavagem de dinheiro, falsas licitações, superfaturamento, desvio orçamentário, corrupção passiva... Estrelando dr. Henrique Lobo, o lobo mau, com seu discreto charme de uma elite acima de qualquer suspeita. Vai vender que nem água! Todo mundo gosta de ver milionários se fodendo! O povo fica com a alma lavada.

HENRIQUE: Você vai insistir nisso?

MARIN: Eu sei que você não vai autorizar. Melhor, biografias não autorizadas são mais polêmicas e vendem mais.

HENRIQUE: Você tem coragem de mandar o pai do seu filho para a cadeia?

MARIN: Eu disse que quero negociar...

HENRIQUE: Já fiz minha oferta.

MARIN: Eu me envergonharia no seu lugar. Uma mixaria... Cadê esse amor todo pelo filho? [*fixa o* *olhar nos olhos do marido*] Eu sou um barulho, Henrique. Comprou, vai pagar. Estou aberta a propostas. A editora deu seu primeiro lance... Quem dá mais, quem dá mais?

Henrique olha com nojo para Marin.

HENRIQUE: Você não pensa no seu filho nem um minuto.

MARIN: Para, Henrique! Só tem a gente aqui, relaxa. Tira essa máscara de "médico, branco, rico, chá-verde, pica mole". Pra cima de mim? Para. [*com o olhar fixo nos olhos dele*] Você quer ser um herói pro Junior, eu quero ir morar na Europa. Podemos resolver isso de maneira civilizada, certo?

HENRIQUE: O que você quer?

MARIN: [*entrega um documento para ele*] Sociedade na Dorian. [*entrega a caneta*] É só assinar.

HENRIQUE: Esquece.

MARIN: É a minha indenização.

HENRIQUE: Eu é que deveria ser indenizado por ter te aturado por tanto tempo. Você já vai ter metade do meu patrimônio com o divórcio, quer mais o quê?

MARIN: Olha pra mim. Vem cá, chega aqui, Henrique. [*de perto*] Eu tenho cara de otária? A sociedade na Dorian pelo Junior. Acho justo.

HENRIQUE: Fora de cogitação, Marin.

MARIN: Então te espero em Estocolmo. Ah, não, esqueci, você vai estar na cadeia!

HENRIQUE: Se eu te der sociedade, você me deixa com a guarda do Junior e esquece esse assunto de biografia?

MARIN: "E viveram felizes para sempre", amor. Garanto pra você.

HENRIQUE: Me dá um tempo.

Marin suspira, saturada.

HENRIQUE: Preciso pensar!

MARIN: [*firme*] Olha. Pra mostrar que sou mãe e não madrasta, você tem o tempo deste voo para pensar onde pretende passar as suas férias do ano que vem. Ok?

HENRIQUE: Você é um monstro.

MARIN: Olha aí, a dupla perfeita: o médico e o monstro!

Pitil entra com o apple martini.

MARIN: [*pega o martíni, experimenta*] Agora, sim. [*come a maçã ornamental do copo*] Gostei, Pitil.

HENRIQUE: Vou ao banheiro.

13. KIDS LOUNGE

Fliperama. Suzaninha e Junior jogam e o diálogo acontece durante essa ação. Ambos têm habilidade no joystick. Conversa ágil.

SUZANINHA: Já jogou *Twister Strong?*

JUNIOR: Zerei três vezes. E esse novo?

SUZANINHA: Qual?

JUNIOR: *Mustang Final Fight.*

SUZANINHA: Da franquia do Spielberg?

JUNIOR: Isso.

SUZANINHA: Achei muito cópia do *War Universal Final 2.*

JUNIOR: Sério? Nada a ver.

SUZANINHA: Tudo a ver.

JUNIOR: Nada a ver.

SUZANINHA: Tudo a ver.

MARIN: Pitil, saúde! Adoro suas bebidinhas. Adoro participar!

SUZANINHA: Então você não conhece *War Universal Final 2.*

JUNIOR: Em uma das fases o cenário é uma favela do Rio. Tiroteio em tempo real. Sabia que os personagens foram dublados em português, com o sotaque dos marginais quase idêntico?

SUZANINHA: Então vai dizer que o *Mustang Final Fight* não é cópia do *War Universal Final 2?*

JUNIOR: Nada a ver.

SUZANINHA: Tudo a ver.

JUNIOR: Nada a ver.

SUZANINHA: Tudo a ver.

SUZANINHA: Já jogou o *X-20 Command Factory?*

JUNIOR: Qual versão?

SUZANINHA: Tenho a versão *double drive* para Mac.

JUNIOR: Essa é a versão do *joystick* que é uma...

SUZANINHA: ...luva de boxe, isso.

JUNIOR: Foda.

SUZANINHA: E nessa versão, depois que você soca o cara, eles contabilizam o sangue que você tirou dele.

JUNIOR: No *X-20 Command Factory* já é assim.

SUZANINHA: É, mas no *X-20 Command Factory* versão *double drive* para Mac é melhor. Cada lutador representa uma nação. Ele reverte a quantidade do sangue das nações adversárias em dinheiro, o *bloody money*, daí quanto mais sangue você tira, mais *bloody money* você acumula. Você pode viajar, investir em ações, comprar terrenos, expandir negócios, pagar por alianças estrangeiras... O *Bloody Bank* facilita empréstimo e financiamento entre países aliados. Com o *bloody money* que tenho, estou em dúvida se invisto na cura do ebola na África ou se compro a Mona Lisa do Louvre.

JUNIOR: Muito foda.

SUZANINHA: Você precisa baixar o aplicativo na versão *drive* que só tem no *iPhone 8*. Você tem *iPhone 8*, né? [*sem tirar os olhos do jogo*] Aperta o *shift*, depois a seta.

JUNIOR: Vai capotar!

SUZANINHA: É só você não soltar a seta... Aperta! *Yeah!*

JUNIOR: Tá viciada nisso?

SUZANINHA: Estava. Mas depois que você pega os macetes, enjoa.

JUNIOR: Você é do tipo que enjoa rápido das coisas?

SUZANINHA: Rápido para você é quanto tempo?

JUNIOR: Este voo. Esta vida, quem sabe. Depende.

SUZANINHA: Para. Não leva a existência muito a sério, deixa isso pra quando ficar velho.

Eles jogam, vidrados.

14. BANHEIRO

Henrique, com uma seringa, injeta veneno na maçã.

15. KIDS LOUNGE

Junior e Suzaninha já estão jogando há um tempo.

JUNIOR: Estou de férias, e você?

SUZANINHA: Trabalho. Se Deus quiser o ouro é nosso.

JUNIOR: A campanha do seu pai não foi contra o trabalho infantil?

SUZANINHA: Trabalho escravo infantil, de carteira assinada. É outra coisa.

JUNIOR: Você tem quantos anos?

SUZANINHA: Sete. Sete e meio, quase oito. E você?

JUNIOR: Faço nove hoje.

SUZANINHA: Hoje hoje ou hoje depois da meia-noite?

JUNIOR: Hoje depois da meia-noite. Mas já me sinto com noventa. Saco cheio.

SUZANINHA: Já?

JUNIOR: Pois é, tô te falando.

SUZANINHA: Seus pais estão se separando?

JUNIOR: Tá tão na cara assim?

SUZANINHA: Ou seus pais estão se separando ou você está com uma doença terminal, realizando o último pedido.

JUNIOR: Seus pais são casados?

SUZANINHA: Com outras pessoas, claro!

JUNIOR: E seu guarda-costas?

SUZANINHA: Tá interessado?

JUNIOR: Ele é tipo sua babá?

SUZANINHA: Só que armada. [*no jogo*] Essa fase é mais tensa...

JUNIOR: [*no jogo*] Joga pra cima e...

SUZANINHA: Direita, *control*, eu sei. *Yeah!*

JUNIOR: Você gosta mais do seu pai ou da sua mãe? Sem pensar, vai.

SUZANINHA: Meu pai quando está sóbrio. Minha mãe quando está bêbada. E você?

JUNIOR: Minha mãe bêbada é um desastre. Sóbria também, mas bêbada é pior. Ela consegue ser pior. Prefiro meu pai. Ele é maneiro.

SUZANINHA: Te dá presentes caros e fala bem do seu cabelo.

JUNIOR: Troca ideia comigo, se importa com o que eu penso, sinto, essas coisas... Além de ser um homem justo, que ajuda as pessoas com seu trabalho. Ele é quase um super-herói.

SUZANINHA: E qual é o superpoder dele?

JUNIOR: Dorian.

SUZANINHA: Isso é o quê? Uma criptonita?

JUNIOR: Quase... É um antidepressivo que ele inventou.

SUZANINHA: Então seu pai é muito mais poderoso que o Super-Homem, Junior. Ele é praticamente a Barbie Sonho de Princesa! Com tanto consumidor de antidepressivos no mundo, logo você vai ter um castelo só para você!

Juanito fica olhando o jogo.

SUZANINHA: [*percebe o menino, cínica*] Oi? Tudo bem? Posso ajudar?

JUANITO: Eso es un videojuego?

SUZANINHA: [*simula uma miss doce e meiga*] Creo que sí. Ya usted, no lo sé, no lo sé...

JUANITO: Que no lo sabes?

SUZANINHA: Si es un niño o una niña?

JUANITO: Soy hombre!

SUZANINHA: Y utiliza una mochila de princesa como la mía?

A mochila do Frozen *de Suzaninha está no chão, ao seu lado. Suzaninha faz sinal para Junior, abanando o nariz. Juanito está fedendo.*

JUANITO: En mi casa mis hermanos son estúpidos y nunca me dejan jugar! Soy pequeño y me golpean, me pongo enfermo también. Pero un día, seré más grande y voy a tener mi propio videojuego y no dejareé que jueguen e ni me golpeen!

SUZANINHA: [*doce*] Mi padre ganó la última elección, y el padre de Junior inventó un antidepresivo. No es um máximo? Me diga, y su padre? Quién es su padre?

JUANITO: Miguel.

SUZANINHA: Miguel de quê? De onde?

JUANITO: Hijo de mi abuela Dolores, que le dice a mi padre Miguelito. E cuida de mí y de mis hermanos, Ramón, Marisca, Consuelo e Amparo, que padece con la cabeza completamente tomada por piojos. Amparo es tan triste por haber rapado todo el pelo. Me reuniré con mi madre en Disney. Ella vive con mi madrina Carmencita, que es la madre de Paco. Me gusta mucho de mi madre, de Carmencita, de Paco, que implica mucho para mí y me molesta. Pero que me gusta aún así.

SUZANINHA: Y qué quieres tu?

Juanito fica acanhado.

SUZANINHA: No seas tímido, vamos! Diga. Quieres mi lugar aquí y continuar el juego para mí? Es eso lo que quieres? Diga. Qué quieres?

JUANITO: Puedo jugar en su lugar?

SUZANINHA: [*bem próxima a Juanito, num grito que se mistura a um arroto na cara do menino*] NÃÃÃÃÃÃÃÃÃÃÃÃÃÃÃOOOOOOOOOOOO!!!

Juanito chora alto. Pitil e Argos entram para ver o que está acontecendo.

SUZANINHA: [*para Pitil, cínica*] Ele caiu!

ARGOS: Suzaninha!

SUZANINHA: [*agressiva*] Eu não fiz nada.

FERNANDO: [*rápido, distribuindo os cardápios do serviço de bordo*] O jantar logo será servido!

SUZANINHA: [*grossa*] Você não está vendo que a gente está jogando?

FERNANDO: [*afastando Juanito*] Logo daremos início ao jantar exclusivo para os passageiros de primeira classe. O menu *Chef-diamond* traz 25 opções de refeições, entre elas lagosta, camarão, bacalhau, pernil e lombo de cordeiro, além de algumas especialidades das cozinhas oriental, brasileira e italiana. De entrada, mexilhões marinados com lima-da-pérsia ou tartar de salmão com gergelim e geleia de pimenta dedo-de-moça. [*para Suzaninha e Junior, que não param de rir*] Gostariam de entrada?

SUZANINHA: [*com desdém*] Por que você fala assim?

FERNANDO: Assim como?

SUZANINHA: Assim!

FERNANDO: Desculpe, não entendi.

SUZANINHA: Não entende português?

FERNANDO: Não entendi o que a senhorita quis dizer.

SUZANINHA: "Não entendi o que a senhorita quis dizer."

FERNANDO: A senhorita gostaria de pedir alguma coisa?

SUZANINHA: A senhorita gostaria, sim. O que sugere?

Junior ri de Suzaninha tirando sarro do sotaque de Fernando.

FERNANDO: Desculpa, eu disse alguma coisa engraçada?

SUZANINHA: Junior, meu porteiro fala igual a ele. Aeromoça é isso, né, uma mistura de porteiro com garçom. Traz sorvete de pistache.

JUNIOR: Pra mim também, por favor.

Os dois voltam para o videogame.

Fernando sai e leva a mochila de Suzaninha, pensando ser de Juanito.

16. CABINE DOS COMISSÁRIOS

Henrique e Sângela preparam o carrinho de catering com aperitivos e revistas, e o diálogo acontece durante a ação.

HENRIQUE: [*discreto, segurando uma maçã*] É só cortar um filete e colocar na bebida dela. Vai parecer ataque cardíaco. Do jeito que ela mistura tarja preta com vodca, ninguém vai desconfiar. É agora ou nunca, Sângela. Essa mulher está completamente louca. Essa é a nossa chance, a gente precisa resolver isso agora. Posso contar com você?

SÂNGELA: [*sem pegar a maçã, desviando dele, covarde como um coelho acuado pelo lobo*] O doutor precisa permanecer sentado enquanto os sinais luminosos do cinto estiverem acesos.

HENRIQUE: Oi?

SÂNGELA: [*ignora, arrumando o carrinho*] Logo os sinais se apagam e o doutor poderá relaxar com sua família no espaço lounge, com os drinques preparados pelo barman da companhia, o sr. Pitil.

HENRIQUE: Você ouviu o que eu disse?

SÂNGELA: [*entrega o cardápio para ele, sem coragem de encarar o olhar*] Para o jantar, opções de refeições como lagostas, camarões, bacalhau, pernil e lombo de cordeiro.

HENRIQUE: Sângela... Eu sei que você deve estar nervosa, mas essa é uma chance que a gente não pode perder. Confia em mim.

SÂNGELA: Para acompanhar, uma carta de vinhos com opções de luxo, formulada pelo consultor de vinhos da companhia, que não é o sr. Pitil.

HENRIQUE: Estou falando com você!

SÂNGELA: [*fugindo do olhar dele*] Os pijamas são exclusivos, assinados por Donna Karan, disponíveis em P, M e G. Cortesia para os passageiros da primeira classe. O senhor tem preferência de cor?

HENRIQUE: [*agarra firme o pulso dela, lobo, firme, olho no olho*] Por que você não está olhando para mim? Olha para mim! Sângela!

Sângela encara Henrique.

HENRIQUE: [*doce*] Que foi? Por que você está assim?

SÂNGELA: [*firme. Lágrimas de sangue*] Não quero mais.

HENRIQUE: Não quer mais por quê? [*puxa-a para mais perto de si*] O que foi que eu fiz?

SÂNGELA: Mudei de ideia...

HENRIQUE: Por quê?

Sângela não responde.

HENRIQUE: Não vai dizer por quê?

SÂNGELA: Me larga.

HENRIQUE: Me explica. Só pra eu saber.

Ele chega mais perto dela.

HENRIQUE: Eu estou nessa sozinho? É isso? Olha para mim, Sângela. Que foi?

SÂNGELA: Não sei. Não sei, Henrique!

HENRIQUE: E tudo que a gente planejou, viveu, tudo que a gente... Isso você também não sabe? O que você não sabe? [*percebe que ela está tremendo*] Por que você está tremendo? Você está gelada... Está com medo? O que foi, Sângela? Eu só quero entender. Explica, foi alguma coisa que eu fiz?

Henrique beija Sângela e depois se afasta. Se recompõe e entrega a maçã a ela.

HENRIQUE: Ela vai me denunciar. [*sincero*] Não tem saída. Entende, Sângela? Se Marin não morrer hoje eu me mato, e você sabe que sou bem capaz disso! De uma maneira ou de outra isso acaba. Agora está nas suas mãos decidir como.

Entra Fernando.

FERNANDO: Está tudo bem, Sângela?

SÂNGELA: Fernando, o filho do dr. Henrique quer conhecer a cabine do comandante. Eu estou terminando aqui, você pode?

FERNANDO: Com prazer!

17. BAR LOUNGE

Pitil faz drinques. Argos, já de pileque, mais relaxado, está do outro lado do balcão.

ARGOS: [*rindo, faz voz de comandante*] Bom dia, senhores passageiros, bem-vindos ao voo 6331. O tempo é bom, céu claro. Nosso tempo de viagem estimado é de oito horas. Estamos numa altitude de 5 mil metros e à nossa direita, como os senhores passageiros podem ver, um homem com quase 2 metros de altura, pai de família, enche a cara para encarar o voo, enquanto à nossa esquerda, Juanito, um moleque de chupeta e fralda, voa na tranquilidade. Parece que não é nem com ele. Sabe de nada. E isso é incrível. Estou achando "maravilhoso-barra-humilhante".

PITIL: Toma um calmante.

ARGOS: Não posso dormir no serviço...

PITIL: Nem beber. [*recolhe o copo*] O senhor está de posse de uma arma, sabe que não pode ingerir álcool.

ARGOS: [*bate o copo no balcão*] A saideira. A última. Juro. A última e acabou.

PITIL: Já excedeu...

ARGOS: Primeira classe, com barman e tudo, não tem como não. [*tira dinheiro da carteira, coloca no colete de Pitil*] Fica aqui entre a gente...

PITIL: Segura a onda, bebe água, come alguma coisa...

ARGOS: Ninguém vai te mandar embora, você está comigo... Quebra essa pro seu camarada. Tá puxado.

Argos coloca mais uma cédula no bolso do garçom. Pitil, resistente, serve mais bebida.

ARGOS: Odeio voar.

PITIL: Eu também.

ARGOS: E trabalha aqui por quê?

PITIL: Carteira assinada, plano de saúde, fundo de garantia, passagens grátis pra tudo que é canto do mundo... essas coisas.

ARGOS: Mil vezes encarar um tiroteio do que uma turbulência.

PITIL: Estamos no transporte mais seguro do mundo.

ARGOS: Você acabou de dizer que odeia voar.

PITIL: Esse tédio que mata. Essa falta de paisagem. Essa suspensão, esse não agora. Você entra numa cápsula, decola e paira em movimento. Tipo a Terra, que parece estar parada, mas... não. [*dá um sorrido amarelo*] Desculpa, estou só filosofando.

ARGOS: [*mostra o interior da carteira*] Minha nossa senhora, meu São Jorge, minha Iansã, minha arruda, meu dólar da sorte...

PITIL: [*olhando as fotos na carteira*] E esses aqui?

ARGOS: Gabriel e a menorzinha, Mariana.

PITIL: Ela é a sua cara.

ARGOS: É.

Os dois olham a foto na carteira.

Tempo.

ARGOS: E eles láááá..... [*tempo*] E eu aqui. No meio do... no meio de quê? Aqui é onde? Que lugar é aqui? No mundo, na realidade do mundo, onde é aqui? Onde eu estou localizado no mapa?

PITIL: Os monitores indicam nossa localização caso o senhor queira...

ARGOS: Estou só filosofando. [*sorri*] Você é pai?

PITIL: Não.

ARGOS: Tem vontade de ser?

PITIL: Ou tenho um filho ou financio meu apartamento. No caso, estou dando preferência ao meu quarto e sala.

ARGOS: Quando você tem um filho é como se você pudesse espiar sua infância novamente, lembrar de como a gente era antes de tudo. É uma sensação boa, tentar lembrar quem a gente era. Mesmo dentro disso tudo, mas sem essa ideia de...

PITIL: ...contas, prazos, *deadlines*, vencimentos, boletos, taxas...

ARGOS: Segunda, terça, quarta, quinta, condomínio, décimo terceiro... [*bebe mais*]

PITIL: IPVA, IPTU, vista cansada, pressão alta, gordura localizada, declaração de imposto de renda, dor de coluna...

ARGOS: Dia das Crianças, Natal, Páscoa, carnaval, ano-novo, Cartão Cidadão, rodízio de carro, racionamento de água...

PITIL: Política, economia, bolsa de valores, Bolsa Família, bolsa da Adidas, queda do dólar, do cabelo, da bunda, da cara, da pica, dos dentes...

ARGOS: Aumento da inflação, do colesterol, do peso, dos cargos, das responsabilidades, do número de gente que você conhece e não lembra o nome...

PITIL: Ex-escola, ex-babá, ex-mulher, ex-patrão, ex--emprego, ex-sócio, ex-sogra, ex-parente, ex-inquilino, ex-senhorio, ex-endereço, ex-presidente, ex-jogador de futebol, ex-gerente, Estomazil...

ARGOS: Rivotril, Salompas, Sonrisal, cachaça, ressaca, gozada...

Os dois riem.

PITIL: Você se parece com o que achou que fosse ser?

ARGOS: Eu achava que ia ser astronauta. Imagina... Quase morrendo com um voo internacional.

PITIL: Primeira vez?

ARGOS: Pra fora, sim. E você?

PITIL: Ah, perdi as contas...

ARGOS: ...Não. Você se parece com o que achou que fosse ser?

PITIL: Acho que nem pensava nisso.

ARGOS: Em nada?

PITIL: Tinha uma coisa. Eu sonhava em conhecer as pirâmides do Egito.

18. BOLO-SURPRESA

Sângela, constrangida, canta parabéns segurando um bolo pequeno com uma vela em cima. Na sua frente, com chapéu de aniversário, estão Junior, Marin e Henrique. Marin, a mais animada de todas, puxa palmas e bis. Junior está apático.

MARIN: Com quem será? Com quem será que o Junior vai casar? Vai depender, vai depender se... Qual é o nome dela mesmo, da magrelinha? Ludmila! Ludmila vai querer!!! Não esquece do pedido antes de soprar a vela.

Junior sopra a vela.

MARIN: Corta de baixo pra cima! Pra trazer sorte!

Junior corta uma fatia do bolo.

MARIN: E o primeiro pedaço vai pra quem?

Junior entrega a fatia ao pai.

MARIN: O cordão dos puxa-sacos cada vez aumenta mais.

19. ARGOS E PITIL

ARGOS: [*vendo a foto na carteira*] Realizou um sonho. Olha a cara dele!

PITIL: Na hora, pensei: "Pelo menos na foto vai parecer que eu estou feliz."

20. VOLTA PARA O BOLO-SURPRESA

MARIN: Ah, não! Que isso, Henrique, é seu primogênito! Discurso! Discurso! Discurso!

HENRIQUE: [*constrangido, sincero para o filho*] Eu estou muito feliz em ver o homem que você está se tornando. Estou muito orgulhoso em fazer parte disso junto com você. Desculpa se não sou exatamente o pai que você esperou que eu fosse, mas é que é tão, tão difícil ser alguém legal para si mesmo, que para o outro então... Mas eu queria que você soubesse que você me inspira isso, me inspira muito... a vontade de ser alguém melhor. Obrigado.

Junior abraça o pai. Marin interrompe o abraço e entrega o presente ao filho.

MARIN: Acho que você vai gostar! O que será, hein? O que será? Adivinha! Abre! Eu abro pra você. É uma guitarra. Gostou? Sabia que você ia ficar louco! [*para Sângela*] Ele ama música. Puxou ao pai! Vai chegar na Disney solando! É uma *Shelter Nashville*. [*para Junior*] Não era essa que você queria?

JUNIOR: Era, sim, obrigado.

MARIN: [*para Sângela*] Tira uma foto da gente? Está pegando todo mundo?

Sângela, humilhada, tira uma foto da família.

21. PISTA DE DANÇA

Suzaninha ensaia sua apresentação para o Miss Mirim Universo, a evolução de uma dança que envolve uma coreografia em conjunto. Junior toca guitarra. É um número musical que suspende o tempo-realidade do avião.

22. BAR LOUNGE

Argos completamente bêbado.

PITIL: Acho que já bebeu demais, suspende o uísque.

ARGOS: Não, o que é isso? Só mais uma.

PITIL: Bebe uma água, come alguma coisa...

ARGOS: Você está pior que a minha mulher. Relaxa, só mais uma dose. [*pega a garrafa*]

PITIL: Devolve a garrafa, por favor.

ARGOS: Já vou devolver, deixa só eu esvaziar...

PITIL: Senhor!

ARGOS: O senhor está no céu, amém.

PITIL: Desse jeito vou ser obrigado a usar da força, senhor.

ARGOS: Vai me bater? [*ri*] Vem! [*arregaça as mangas, provocador*] Vem pra briga! Cadê? Vai arregar?

PITIL: O senhor está transgredindo...

ARGOS: Tô transgredindo o quê? Que mané transgredindo... Eu sou autoridade aqui. [*mostra o distintivo*] Está vendo aqui? Quem é que manda? Vai querer mandar em autoridade agora?

PITIL: Estou apenas advertindo. Aqui em cima os efeitos alcoólicos se potencializam e, pro seu próprio bem e pelas normas da companhia, recomendo que retorne...

ARGOS: "...ao seu assento e afivele bem o cinto." Sem esse papo máquina de café, Pitil. Qual é? A

	gente está aqui até agora conversando numa boa, falando que nem gente, não mete esse linguajar piloto automático no meio.
PITIL:	Eu quero a garrafa de uísque de volta.
ARGOS:	[*malicioso*] Eu sei o que você quer... Sabe o que você quer? Você quer mais dinheiro. Você é malandro.
PITIL:	O senhor, por favor...
ARGOS:	Cara que trabalha na noite, tirando onda de barman, com a mulherada colocando dinheiro na sua cueca, diz aí... Eu não tenho mais dinheiro aqui para te dar, estou liso. Você me levou tudo, aqui não tem nem pro táxi agora. Mas eu deixo a Celeste.

Argos tira a arma e a coloca nas mãos de Pitil.

PITIL:	[*assustado*] Que isso?
ARGOS:	Quer que eu coloque a Celeste na sua cueca? [*ri*]
PITIL:	O senhor está passando dos limites. Isso está carregado?
ARGOS:	A questão de não poder beber não é porque eu estou armado? Então, pronto! Não estou mais. Assunto resolvido! Gregos, troianos!
PITIL:	Eu não quero sua arma, senhor, eu quero o uísque.
ARGOS:	Vai beber comigo?
PITIL:	Agora!

ARGOS: Ih! Tá nervosinha? Calma, Beth. Estou conversando com você...

PITIL: [*puxando a garrafa com violência*] Me dá isso agora!

Os dois começam a se atracar num corpo a corpo, rolando pelo chão do avião. Briga viril. Argos, mesmo bêbado, domina Pitil. Os dois ficam bem próximos. Argos beija Pitil. Eles percebem Juanito vendo a cena. Argos vomita, caindo no chão.

Parte 3 — Máscaras de oxigênio

23. BAR LOUNGE

Sângela assombrada por seus pensamentos. Com a maçã na mão, pensa em se matar.

FERNANDO: [*limpando o vômito*] Se Hitler tivesse 8 anos e você tivesse a chance de o matar, matava? "Cortava o mal pela raiz?"

SÂNGELA: [*saindo do transe*] Oi?

FERNANDO: Você não acha que a maioridade devia baixar? Com 8 anos a criança deveria poder ser processada, pelo menos! Já não é tão inocente assim, ainda mais nos dias de hoje. Essas crianças dão um banho na gente. Estou mentindo, Sângela? [*percebe o furo*] Desculpa! [*acaricia a barriga dela, meigo*] Com essa criança vai ser diferente, eu vou ter intimidade para mandá-la calar a boca.

SÂNGELA: Não vai ter criança. Assim que eu voltar resolvo isso.

FERNANDO: Como assim?

SÂNGELA: A gente conversou e achou melhor... não.

FERNANDO: Mas não é do casado?

SÂNGELA: Claro.

FERNANDO: E ele não gosta de criança?

SÂNGELA: Tem loucura! Ele é um pai maravilhoso! Quer ter muitos filhos comigo. A gente tem planos pro futuro. Mais pra frente... porque, realmente, agora, agora não é o momento. [*sorri, triste*] Ele sofreu muito pra dizer isso.

FERNANDO: Vai abrir mão da melhor ideia que você teve na vida? Você sabe que essa criança é seu pé-de-meia, né?

SÂNGELA: Eu trabalho, Fernando. Nunca precisei de homem pra me sustentar.

FERNANDO: Não faz a pobre orgulhosa. Você disse que o cara é rico e você está doida pra ter esse filho que eu sei.

SÂNGELA: [*com pesar*] Já não sei mais de nada, essa que é a verdade. Não sei se vale a pena trazer uma criança pro mundo agora.

FERNANDO: Se for esperar a paz mundial pra ter filho, esquece, porque ultimamente nem Miss Mirim tem acreditado nisso. [*firme*] Escuta, Sângela, eu sei que você acha que eu tenho inveja de você...

SÂNGELA: [*surpresa*] Nunca achei isso.

FERNANDO: [*natural*] Que bom, pois o conselho que vou dar é sincero. A gente nunca sabe o dia de amanhã. Essa criança é a sua pulseira vip pro camarote da vida. Eu, no seu lugar, não desperdiçava essa oportunidade.

Sângela decide guardar a maçã no bolso do uniforme.

24. PRIMEIROS SOCORROS

Henrique examina Argos, que está em seu assento de camisa aberta, tomando glicose na veia, sonolento e completamente bêbado. Henrique checa sua pressão com um aparelho.

HENRIQUE: Ele tem síndrome do pânico? Epilepsia? Você sabe se ele toma algum remédio?

SUZANINHA: Eu não sei nem o sobrenome dele, cara.

HENRIQUE: Pressão, glicose... Ok. Ele vai ficar bem. Exagerou, mas chega em terra consciente.

SUZANINHA: Quando eu crescer quero ser médica também.

HENRIQUE: Pensei que fosse seguir a carreira de celebridade.

SUZANINHA: Seu filho disse que você inventou a sua criptonita, então fiquei com vontade de inventar a minha!

HENRIQUE: Você conversou com o Junior?

SUZANINHA: Já tive até uma ideia pro meu antidepressivo. Se eu te contar, você não rouba?

HENRIQUE: [*faz sinal de juramento*] Palavra de escoteiro!

SUZANINHA: Já pensou se existisse um remédio que ativasse suas lembranças da infância? Tipo a Disney em cápsulas!

HENRIQUE: Hum... Explica melhor.

SUZANINHA: Você poderia escolher vários sabores, um pra cada dia da semana, cada um com uma história diferente, uma lembrança diferente. Ninguém ia precisar ficar com trauma de nada! Um mundo onde todos tivessem a lembrança de uma infância encantada. Genial a ideia, não é?

HENRIQUE: [*reflete*] Não é uma má ideia... Mas, olha, parando pra pensar, você não acha que a gente também aprende com os erros? Seu amigo aqui, por exemplo, vai aprender que aqui em cima a ressaca triplica de tamanho. Os traumas e medos podem nos ajudar a entender nossos próprios limites.

SUZANINHA: Você está falando isso porque vou roubar sua clientela!

HENRIQUE: [*paternal*] Estou falando isso porque se você realmente quiser se tornar uma médica e quiser salvar vidas, vai precisar entender os limites, além do cartão de crédito.

SUZANINHA: O Junior tem razão, você é um cara muito legal!

25. BANHEIRO DOS COMISSÁRIOS

Marin surpreende Sângela.

MARIN: Quero conversar com você.

SÂNGELA: O banheiro dos passageiros é do outro lado.

MARIN: Como duas mulheres adultas...

SÂNGELA: A senhora, por favor, queira se...

MARIN: Escuta aqui...

SÂNGELA: [*firme, aumentando o tom de voz*] Escuta aqui você! Eu estou no meu trabalho e você não tem o direito de...

MARIN: Me deixa falar! Tira o dedo da minha cara!

Uma fala por cima da outra, se enfrentando, mas em tom baixo. Uma briga violenta com classe.

SÂNGELA: Eu não quero te ouvir! Eu não tenho nada pra falar com você! Eu não vou roubar seu lugar, eu não quero o seu lugar!

MARIN: Tira o dedo da minha cara! Você não tem o direito de colocar o dedo na minha cara!

SÂNGELA: Você venceu, é tudo seu.

MARIN: Você vai deixar eu falar?

SÂNGELA: Tô saindo fora. Parabéns, sua família é linda, feliz, perfeita, rica, propaganda de margarina e...

MARIN: [*aumentando o tom*] Quanto você quer pra matar meu marido?

Sângela congela. Marin percebe que falou alto e tenta recobrar a discrição.

SÂNGELA: O quê?

MARIN: Quanto você quer para matar o Henrique?

SÂNGELA: Do que você está falando?

MARIN: Da parte em que vocês trepam e decidem me matar nas férias, usando o aniversário do meu filho como álibi.

SÂNGELA: [*ri, nervosa*] Você está completamente...

MARIN: Sângela. Não existe nada que meu marido faça que eu não saiba. [*tira o talão de cheques da bolsa*] Ele vai te pagar quanto pra me matar? Eu cubro, pago à vista e coloco 10% a mais do que você quiser. Joias? Carro? Um apartamento com vista panorâmica para o mar no seu nome, já pensou? Quando? Quando você quiser... Vamos fechar esse negócio. Quanto ele vai te pagar, só pra eu ter uma base...? [*percebe que Sângela está perplexa*] Espera. [*ri*] Ah, não! [*perplexa*] Não... Você vai me matar de graça? Jura? Você é tão clichê assim? [*sincera*] Agora fiquei com pena de você...

SÂNGELA: [*fuzilante*] Não é para ter pena de mim. Porque eu não tenho pena de você. Eu tenho pena do Henrique por ter tido um filho com uma mulher tão baixa. Cretina!

MARIN: Que mais? Fala! Pobre Henrique, torturado pela esposa megera desequilibrada viciada em remédios. Quem poderá ajudá-lo? Ah! A super-aeromoça, para quem ele jurou amor eterno e com quem vai casar, ter filhos, morar numa casinha na serra, cozinhando pelados, trocando gentilezas eternas, iguaizinhos àqueles bonequinhos do "Amar é...". Lembra dos bonequinhos do "Amar é..."? Peladinhos, dizendo sempre um pro outro: "Amar é... quando você adivinha o que ele está pensando." O que será que o Henrique está pensando? Eu vou te dizer o que ele está pensando. Ele vai me matar, vai te mandar pra cadeia no lugar dele, te descartar como uma agulha contaminada e você não vai ganhar um centavo com isso.

Sângela fica destruída.

MARIN: [*sincera*] Você está apaixonada, mas conhece o homem que tem, porque você também não é nenhuma santa. Estou propondo negócio da China. Ou você prefere continuar voltando bêbada e sozinha pro seu apartamentinho no Cosme Velho, com um gato que mija nas suas coisas? No seu Saint-Laurent falso, no seu Van Gogh de chita; na sua cozinha americana, seu reloginho de parede, seu hidratante enjoativo da Victoria's Secret, seus *shakes* pra emagrecimento, seu conjuntinho valioso de ouro-branco, seu Dostoiévski condensado em livro de bolso, sua comida congelada, suas calcinhas descartáveis, seu Nespresso... O que estou dizendo, Sângela, é que você pode ter muito mais do que um Nestlé expresso. Estou te dando a chance de mudar de vida. De virar alguém!

Sângela cospe na cara de Marin, que fica humilhada.

SÂNGELA: Estou muito satisfeita com a minha vida.

Sângela sai, triunfante. Marin seca o rosto e sai em seguida. A porta do banheiro se abre e sai Junior, que estava ouvindo toda a conversa.

26. POLTRONA DOS FUNDOS

O avião treme, de leve. Pitil, com seus coquetéis, fala com Juanito.

PITIL: Quando se deu conta de que estava sendo enganada pelo caçador e que o coração da jovem donzela era, na realidade, o coração de um cervo, a rainha malvada envenenou uma maçã, disfarçou-se de mendiga velha e foi ela mesma envenenar sua enteada. Esses contos são muito violentos!

JUANITO: Blancanieves es un clásico. Donde la virtud vence al mal.

PITIL: E onde se acaba com um abuso sexual. Escuta, Juanito, nunca, em hipótese alguma, você deve beijar uma garota sem o consentimento dela, sobretudo se "la chica" estiver dormindo. É um delito e você pode ser preso por isso. Agora chega dessas histórias bobas. Vou te apresentar uma heroína de verdade, mais ou menos da sua idade. Mafalda, conhece?

Juanito empurra o jornal.

PITIL: Que? No te gusta Mafalda?

JUANITO: Mi padre dijo que besar chicos es asqueroso.

PITIL: Vê como seu pai só fala merda!

JUAN: Sí que es asqueroso!

PITIL: Com consentimento, não tem problema algum. Independente do sexo da pessoa. O beijo correspondido é o requinte do paladar! Não há nada de asqueroso nisso!

JUANITO: Pero si me intenta besar un hombre, le pego un tiro en la cara! [*mostra a carabina que tira da mochila trocada de Suzaninha*]

PITIL: [*se espanta, tomando a carabina*] Me dá isso. Onde você encontrou?

JUANITO: En mi mochila.

PITIL: [*percebendo o engano, desesperado*] Onde está sua mochila, Juanito? Não disse que nunca a largasse? Que merda você fez com a mochila, Juanito?

JUANITO: No grites conmigo! [*chora*]

PITIL: [*revirando a mochila*] Dónde meteste? [*sacode o menino*] Dónde está?

Sângela entra com a maçã. Pitil esconde a arma na mochila, com um sobressalto.

SÂNGELA: Está aqui, desculpa a demora. [*entrega a maçã, insegura*] É para d. Marin, cabine 2.

O avião estremece.

PITIL: [*percebendo Sângela*] Tá tudo bem?

SÂNGELA: Só um pouco enjoada. Já passa, obrigada. E você, está melhor?

PITIL: Ossos do ofício.

JUANITO: [*chorando*] Vida de mierda!

Pitil sai. Sângela fica com Juanito.

SÂNGELA: Está chorando por quê? [*conferindo o crachá que ele carrega no pescoço*] Juan. Um príncipe tão lindo.

Juanito para de chorar, encabulado.

SÂNGELA: Habla mi idioma?

JUANITO: [*manhoso*] Tu eres muy hermosa.

SÂNGELA: [*enternecida*] Gracias. Es muy guapo también. Por qué tan triste?

JUANITO: No estoy triste, estoy cansado.

SÂNGELA: [*ri*] Na su edad? Hay un largo camino por delante, prepárate.

O avião estremece. Juanito se agarra nela.

SÂNGELA: [*abraçada ao menino*] No tengas miedo! Ya
pasa! [*beija a testa dele, maternal*]

27. SUÍTE MÁSTER

*Henrique assina o contrato e entrega para a esposa. Silêncio
fuzilante.*

MARIN: [*guardando o contrato na bolsa*] Encara isso
como indenização por ter sido sua cobaia, e
que fique claro, não paga nem metade, sabe
disso.

HENRIQUE: [*suspira, saturado*] Podemos passar a viagem
em silêncio?

MARIN: Devia me agradecer. A única coisa boa que fez
na sua vida você deve a mim.

HENRIQUE: Só mesmo o Junior compensa esse inferno
que...

MARIN: Estou falando da Dorian. A coqueluche das
farmácias. A paz interior por menos de cem
reais. Essa pepita de ouro em cápsulas, drá-
geas, lotes... que você desenvolveu às custas
da minha sanidade!

HENRIQUE: Escuta. Quando a gente chegar, você nem
precisa descer do avião. Volta daqui mesmo.
E quando eu voltar com o Junior, espero que
já esteja enterrada na neve escandinava.

MARIN: Não pode separar um filho de sua mãe.

HENRIQUE: Tem certeza que você é a mãe dele?

MARIN: Amor, não tenho certeza se *você* é o pai!

Henrique agarra a jugular de Marin, sufocando-a.

HENRIQUE: Você é feita de quê? Hein?

Marin sufocando.

HENRIQUE: [*aperta mais forte, violento*] Se eu arrancar seus olhos e cavar seu crânio, encontro o que aqui dentro? Esse enfeite todo, essa maquiagem, é pra esconder o quê? [*esfregando a outra mão na cara dela, borrando tudo, desmanchando tudo*] O que tem aqui embaixo, hein, Marin?

Henrique não percebe Junior atrás dele. Com a arma de Argos, Junior dá uma coronhada na cabeça de Henrique, que cai desmaiado. Marin tenta recuperar o ar.

28. BAR LOUNGE

Turbulência suave. Pitil prepara um apple martini com a maçã de Sângela.

29. JANELA, CORREDOR

Fernando tenta destrocar as mochilas com Suzaninha. Entre os dois está Argos. O avião trepida. Suzaninha segura a carabina e verifica se ela sofreu algum dano.

FERNANDO: Então...

Suzaninha analisa a arma, sem responder.

FERNANDO: Tudo certo com sua carabina?

SUZANINHA: Tirando a mancha de gordura... Isso é chocolate?

FERNANDO: [*pegando a mochila de Juanito*] Então vou...

SUZANINHA: [*apontando a carabina para Fernando*] Larga.

FERNANDO: Vai atirar em mim?

SUZANINHA: Não acha estranho um cucaracha remelento viajando sozinho com uma mochila tão cara como essa?

FERNANDO: [*na mira dela*] Não costumo reparar nas bagagens dos passageiros.

SUZANINHA: Ele é da classe econômica, tá na etiqueta. Por que trouxe ele pra cá?

FERNANDO: [*saturado*] O que você quer, demônia?

SUZANINHA: Se meu pai estivesse aqui, queria ver você falar assim comigo.

FERNANDO: Acha que eu tenho medo de você? Do seu pai? Ladrão, safado. Se você viaja na primeira classe é às custas do dinheiro do povo, ou seja, meu também. Então me sinto muito à vontade para falar do jeito que eu quiser.

SUZANINHA: Dou um tiro na sua cara, quer ver?

FERNANDO: Gata, olha o meu tamanho e olha o seu. Adivinha quem vai sair perdendo? [*puxa a carabina da mão dela*] Te devolvo quando pousar.

Fernando vai saindo, mas Pitil, levando o martíni, o detém.

PITIL: Algum problema? Quer ajuda com alguma coisa, Cheval?

SUZANINHA: [*em tom de fofoca*] Moço, tem bem uma geleca vermelha horrorosa dentro da mochila dele!

PITIL: O quê?

SUZANINHA: Um troço esquisito, mole, gosmento... bléééé! Com certeza coisa boa não é!

PITIL: Como assim?

SUZANINHA: Tá dentro de uma caixa térmica com gelo. Mas eu acho que não é de comer. Aquilo fede muito.

PITIL: [*apavorado*] Explica isso, Cheval?

SUZANINHA: Perguntei a mesma coisa e ele me deu um tapa na cara e me chamou de vadia.

FERNANDO: [*entrega a mochila para Pitil, que lhe entrega o drinque*] Leva pro Juan. Eu cuido de tudo aqui.

Pitil, transtornado, sai com a mochila de Juanito.

SUZANINHA: [*bem próxima a Fernando*] Quem mandou brincar com a gata com sua vara curta? [*pega a maçã do martíni, num gesto arrogante*]

FERNANDO: [*firme, segurando a mão dela*] Devolve. Agora!

Suzaninha devolve.

SUZANINHA: [*cerra os olhos*] Marquei sua cara. Tá fodido na minha mão.

Som de sinal para atar cintos. Luzes das cabines reduzidas. Argos está desacordado.

30. SUÍTE MÁSTER

Turbulência trepidante. Fernando entrega o martíni para Marin, que está sentada ao lado do filho.

FERNANDO: Estamos passando por uma turbulência! Pedimos que permaneçam sentados, com os cintos afivelados! [*sai*]

Marin, de maquiagem borrada, catatônica, segura o martíni na mão. O avião balança.

JUNIOR: Tem cravado "Celeste" no cano. Deve ser porque ela despacha você pro mundo celestial... Mas, tecnicamente, já estamos no céu.

MARIN: [*sem energia, olha para o filho*] É só pensar que você é um hamster, e agora a gaiola está aberta. Seja feliz, e se não for, já sabe: duas cápsulas antes do café da manhã e duas à noite, e está tudo resolvido. Nisso seu pai é um gênio. [*estende o martíni para o filho*] Saúde!

Henrique, na poltrona atrás, se recupera da coronhada que levou do filho e acorda, cambaleante, a tempo de ver Junior bebendo todo o martíni de Marin em um gole. Junior aponta a arma para a mãe.

MARIN: [*absorta*] Henrique Lobo Junior, o que eu disse sobre apontar armas pros seus pais? Você quer ser preso e virar celebridade?

Henrique toma a arma do filho. Ouve-se a voz dissonante do comandante. O avião dá um solavanco. Henrique, assombrado, como se a alma estivesse escapado de seu corpo, cambaleia pelo corredor central do avião, se dirigindo à cabine dos comissários.

31. CORREDOR, JANELA

O avião atravessa uma tempestade. Turbulência tempestiva. Fernando e Pitil batem boca em meio à turbulência. Fernando tenta fazer Pitil sentar. Juanito, já sentado, chora muito. Pitil segura a carabina.

PITIL: Se não matar, eu mato. Escolhe!

FERNANDO: Ninguém vai matar ninguém aqui, Pitil!

PITIL: Isso é dente por dente! E vão tirar todos os nossos!

FERNANDO: [*controlando o amigo*] Você não vai matar uma criança! Olha pra mim! Ninguém aqui mata criança!

PITIL: [*desesperado*] Vai ser rápido! Me deixa passar!

FERNANDO: Olha o que você está dizendo!

PITIL: Me solta! Preciso aproveitar a turbulência, essa garota vai denunciar a gente!

FERNANDO: Ela não sabe o que é!

PITIL: Mas viu mesmo assim! Vou lá e quebro o pescoço dela, vai parecer acidente! O guarda--costas está dormindo, me dá cobertura!

A luz da aeronave fica instável. Durante a turbulência, Fernando luta com Pitil. A carabina entre os dois dispara e acerta acidentalmente Juanito, que para de chorar na hora, caindo desacordado. Desespero de Fernando e Pitil.

32. CABINE DOS COMISSÁRIOS

Sângela abraça Henrique ao vê-lo. A turbulência aumenta.

SÂNGELA: [*abraçada, em choque*] Eu fiz! Tive coragem! Me joguei de cabeça. Te amo tanto... Fui lá e fiz.

Henrique apavorado.

SÂNGELA: Eu estou apavorada, Henrique. Me abraça. Nosso amor agora é pacto.

HENRIQUE: [*separa-se dela, olha-a nos olhos*] A maçã...

SÂNGELA: Acabei de mandar. Ela bebeu? [*sorri, chorando*]

Henrique cambaleia. Sângela o segura.

HENRIQUE: [*sufocando*] Preciso... jogar uma água no rosto.

SÂNGELA: [*enquanto Henrique cambaleia até o banheiro*] Agora eu sei, agora eu quero, Henrique. Juro que é tudo o que mais quero na minha vida! Agora a gente pode construir a nossa história longe desse lixo, dessa gente que faz dinheiro de norte a sul, de bússola...

Henrique está dentro do banheiro, num ângulo em que apenas Sângela o vê.

SÂNGELA: Eu estou decidida. Você querendo ou não, eu vou ter esse filho, e nada...

Antes que conclua a frase, Henrique atira na própria cabeça e o sangue espirra todo em Sângela, manchando seu rosto, num banho de sangue. Ela fica em estado de choque, sem entender o que está acontecendo. A turbulência aumenta. Suzaninha chora.

ARGOS: Suzaninha! Não pega bem uma miss chorar desse jeito.

33. TURBULÊNCIA SINAL VERMELHO

A voz dissonante do comandante se confunde com as torres de comando. O barulho intenso das turbinas se confunde com a tempestade do lado de fora. Somente as luzes de emergência ligadas. O avião dá um solavanco, espalhando todas as bagagens, aumentando o caos. Sirenes, alertas. Mayday, mayday! Caem roupas, talheres, joias, dinheiro, laptop, prataria, documentos... um rio de coisas no qual as pessoas se afogam.

Marin está apática em sua poltrona, rodeada de joias, plumas, vestidos e sapatos caros.

Argos volta a dormir, ao lado de Suzaninha, que, apavorada e histérica, grita e chora.

Pitil abraça Juanito, que está desacordado ao seu lado.

Junior sente os sintomas do veneno, se levanta, atravessa o corredor central do avião no meio da turbulência, e em meio ao caos, se equilibra para manter-se em pé.

Sângela, ensanguentada, tentando manter-se digna, grita por conta do barulho das turbinas.

SÂNGELA: Queira por favor voltar pro seu assento!

JUNIOR: Não estou me sentindo bem!

SÂNGELA: [*empurrando Junior pro assento*] Ninguém aqui está! Senta!

JUNIOR: Eu preciso de água!

O avião dá um novo solavanco.

JUNIOR: Eu tô passando mal! Quero água!

SÂNGELA: [*impedindo que o menino veja o pai morto*] Volta!

JUNIOR: Deixa eu passar!!!

SÂNGELA: Agora!!!

Nova turbulência. Sângela parte para cima de Marin. Brigam.

SÂNGELA: Daí esse homem quer se matar. Ele prepara tudo, arquiteta, e um dia ele vê uma estrela e decide que aquele vai ser o dia. Ele vai se matar com um tiro.

MARIN: Por que ele quer morrer?

SÂNGELA: Ele não sente amor pela humanidade. Ele acha que tudo é só sofrimento e dor.

MARIN: [*solta uma gargalhada*] Ele vai se matar com um tiro! [*solta outra gargalhada*] Ele vai se matar com um tiro!

Como pêndulos, as máscaras de oxigênio caem do teto. Suspensão. Todos os passageiros passam mal em suas poltronas. Caos. A luz vai diminuindo até chegar à escuridão profunda.

FIM

© Editora de Livros Cobogó
© Jô Bilac

Editora-chefe
Isabel Diegues

Editora
Mariah Schwartz

Coordenação de produção
Melina Bial

Revisão
Eduardo Carneiro

Capa
Felipe Braga

Projeto gráfico e diagramação
Mari Taboada

Foto p. 6
Cabéra (2015)

CIP-BRASIL. CATALOGAÇÃO-NA-FONTE
SINDICATO NACIONAL DOS EDITORES DE LIVROS, RJ

Bilac, Jô, 1984-
B492i Infância, tiros e plumas / Jô Bilac.- 1. ed.- Rio de Janeiro Cobogó,
2015.

96 p. : il.

ISBN 978-85-60965-80-9

1. Teatro brasileiro. I. Título.

15-24497 CDD: 869.92
CDU: 821.134.3(81)-2

Nesta edição, foi respeitado o Acordo Ortográfico da Língua Portuguesa
de 1990, que entrou em vigor no Brasil em 2009.

Todos os direitos em língua portuguesa reservados à
Editora de Livros Cobogó Ltda.
Rua Jardim Botânico, 635/406
Rio de Janeiro – RJ – 22470-050
www.cobogo.com.br

Outros títulos desta coleção:

ALGUÉM ACABA DE MORRER LÁ FORA, de Jô Bilac

NINGUÉM FALOU QUE SERIA FÁCIL, de Felipe Rocha

TRABALHOS DE AMORES QUASE PERDIDOS, de Pedro Brício

NEM UM DIA SE PASSA SEM NOTÍCIAS SUAS, de Daniela Pereira de Carvalho

OS ESTONIANOS, de Julia Spadaccini

PONTO DE FUGA, de Rodrigo Nogueira

POR ELISE, de Grace Passô

MARCHA PARA ZENTURO, de Grace Passô

AMORES SURDOS, de Grace Passô

CONGRESSO INTERNACIONAL DO MEDO, de Grace Passô

IN ON IT | A PRIMEIRA VISTA, de Daniel MacIvor

INCÊNDIOS, de Wajdi Mouawad

CINE MONSTRO, de Daniel MacIvor

CONSELHO DE CLASSE, de Jô Bilac

CARA DE CAVALO, de Pedro Kosovski

GARRAS CURVAS E UM CANTO SEDUTOR, de Daniele Avila Small

OS MAMUTES, de Jô Bilac

NEM MESMO TODO O OCEANO, adaptação de Inez Viana do romance de Alcione Araújo

2015

———————————

1ª impressão

Este livro foi composto em Univers.
Impresso pela gráfica Stamppa
sobre papel Pólen Bold 70g/m².